Vareia

MEUS SIGNIFICADOS

LEILIANE MARIEN

GERENTE EDITORIAL
Roger Conovalov

PROJETO GRÁFICO
Sara Vertuan

DIAGRAMAÇÃO
Sara Vertuan

CAPA
Laryssa Queiroz

IMPRESSÃO
Lura Editorial

LURA EDITORIAL – 2020
Rua Manoel Coelho, 500. Sala 710
São Caetano do Sul, SP – CEP 09510-111
Tel: (11) 4318-4605
Site: www.luraeditorial.com.br
E-mail: contato@luraeditorial.com.br

Dados Internacionais de Catalogação na Publicação (CIP)
(Câmara Brasileira do Livro, SP, Brasil)

Marien, Leiliane
Vareia: meus significados /Leiliane Marien. 1ª Edição, Lura Editorial - São Paulo - 2020

ISBN: 978-65-86626-50-6

1. Reflexão 2. Devocional I. Título.

CDD - 158.125

---

www.luraeditorial.com.br

LEILIANE MARIEN

Vareia

MEUS SIGNIFICADOS

lura

Meus Significados

V..areia, de longe parece única, de perto tem cores e formas, nos pés corre pelos dedos, igual se mescla com o mar, com calor varia ainda mais.

À minha mãe, Maria José, Mazé, filha caçula de muitos irmãos, mulher, nordestina, Dos Reis, que alcançou através das letras seu nível superior, e nos ensinou o valor do mesmo.

(mãe) "se você souber falar e escrever a vida será mais fácil..."

(lei) "maaaaãeeeee, tô botano sua bolsa na mesa..."

(mãe) Butano é um gás, você está colocando sobre a mesa...

Prefácio

Lya Luft – escritora brasileira – afirmou, em uma de suas obras, que "o mundo não tem sentido sem o olhar que lhe atribui forma, sem o nosso pensamento que lhe confere alguma ordem." Assim como o mundo, são as palavras: elas não carregam em si o sentido. Elas precisam de um olhar que lhe possa conferir algum significado.

É exatamente a isto que esse livro se propõe: apresentar um mundo de palavras com as quais lidamos e convivemos, mas que nem sempre são enxergadas como poderiam ser. Nesta obra, você vai ler e se encantar com a beleza do som de algumas delas, com o canto que delas ecoa (e que nem todos que têm ouvido podem ouvir) e, também, com a voz de quem a elas deu vida e com elas descreve a sua forma de ver (e ouvir) as coisas. De forma simples, mas muito encantadora, Leiliane Marien consegue convocar o leitor a lançar um novo olhar para a FORMA e a extrair dela sentidos, configurando essa ação um suspirar.

Soraia Itaienne

Eu

Falar errado não é feio, feio é não ser sábio suficiente para ouvir sem julgar.

Eu nunca me vi professora, eu nunca gostei de sala de aula, era o lugar onde eu não podia falar, andar, movimentar, a classe era um lugar de dor. Os ricos sentavam de um lado, os bonitos de outro, os **NQO*** em outros. O colégio era um lugar lindo, parecia um presídio, porém mais colorido.

Eu não gostava de estudar, gostava de descobrir, explorar, falar, nada disso se fazia em classe, tarefa de casa, tarefa de classe... siga o exemplo... Marque a resposta certa... Não! Ali não era o lugar que eu gostava de estar.

Eu mudei, mudei de escola, mudei de forma, na 7ª série eu engravidei, por vários julgamentos passei, mas lá sim eu estudei.

Era uma escola chamada Coopefor**, acreditem, nós tínhamos aula de filosofia, cooperativismo, as salas eram lindas, paredes de tijolos, telhas naturais, nós caminhávamos, trocávamos de sala a cada aula, eu aprendi a gostar. Logo eu era uma das melhores da sala, eu grávida, a professora Suzana me disse: você é boa de ensinar, ajude os meninos ou metade deles vai reprovar.

Tornei-me professora de reforço, à tarde na escola ensinava matemática; junto com outra colega ensinávamos os que estavam com dificuldade.

Sim, a garota problema, grávida, era útil, era solução, consegui, eu e (Cecília), não lembro bem, auxiliamos vários alunos, colegas de classe, assim eles chegaram na aprovação.

Infelizmente não foi tão fácil depois que a bebê nasceu. Aprendi que eu sabia fazer isso, o palco não era estranho pra mim, era fácil, simples, eu gostava, não me sentia alguém mestre, formador de opinião, eu só sabia dizer o que precisava ser dito.

Nos caminhos da vida eu me tornei *Trainner*, um nome americanizado para aquele que acredita que o outro também pode.

Não sabia bem o que fazer, pois não queria repetir o que *slides* diziam, queria dizer algo meu. Tive muita dificuldade de encontrar, descobrir que o outro é que encontra, você só escuta.

Nisso estamos, os significados surgiram, eu pensava que todos viam assim. Até que alguém me disse: "Não! Isso é seu". Eu caí em mim: sim, estou falando algo que era meu.

---

*N.Q.O: Não Quer Ovo, expressão utilizada pelas mães de filhos não estudiosos, referindo-se a eles.

**Coopefor: Colégio Cooperativa de Fortaleza, instituição de ensino fundada pelo Banco do Nordeste do Brasil.

Escrevi, reescrevi, detestei,
amei, desisti, sofri, me
encorajei, fiz.

Aqui estou.

Aqui está.

Que te faça feliz, como
fez a mim.

Que te faça crescer, como
fez a mim.

Que te faça ser, como
fez a mim.

Que te faça se ver, como
fez a mim.

Você já é.

Você já pode.

Recrie

Recreie como você fazia no
recreio.

Agradecimentos

Agradeço hoje ao meu marido, que nunca me impediu de sonhar. Se você ler este livro em 2090, saiba que em 2020 ainda era uma raridade que merece ser celebrada, espero que no vosso tempo se tenha *cambiado*[*]. Ao mundo linguístico e a todos aqueles que se dedicam a ele. Às minhas filhas que diziam: "vamos ficar quietas, a mamãe está estudando...".

Ao meu pai, que concluiu o *Mobral*[**] e me ensinou tanto. À minha mãe, única mulher formada em sua geração. À minha irmã, que tão cedo se foi e me dizia: "Corrige aí, sabe tudo, já que tu é a fodona!".

Aos meus amigos de uma vida que sempre me validaram. Aos meus alunos que viram magia no meu óbvio.

---

*Cambiado: termo em espanhol para mudado, influência da vida no Chile. Ali estava enquanto escrevia este livro.

**Mobral: programa do Governo brasileiro para alfabetização de adultos, extinto em 1985.

Prólogo

Março de 2020, recebo uma mensagem privada em uma rede social, usando o bate papo. O tema discorria sobre a finalidade de publicar um texto no qual existem palavras e significados relacionando-as. Fiquei curioso. Seria um dicionário? Fazia tempo que não encontrava a autora e tentei entender que caminho ela estava traçando no campo profissional. Realizei uma leitura curiosa das mais de 100 palavras (uma prévia) e seus significados relacionados. Como amante de léxico e contemplativo enquanto sujeito que se coloca em posição de criação e desenvolvimento de projetos tanto no lado pessoal enquanto laboral, me vi (re)criando memórias afetivas e ou renovando sensações através desta leitura recebida naquela rede social.

Percebi naquele ponto que não se tratava de um dicionário tradicional. Mas como cidadão guiado por ficções, semificções, fábulas, e outros modos narrativos, inclusive "reais", me vi fascinado com a forma como as palavras ali escritas tinham significados aquém das definidas em um dicionário tradicional. Neste momento me vi pensando também em amizades, na dela e em outras (que em algum momento, fomos todas e todos um pequeno grupo lá por volta dos anos 2000) as quais tínhamos (e ainda temos!) o costume de criar neologismos em termos de um novo vocabulário, ou de novos sentidos para palavras já existentes.

Essa memória afetiva da amizade me fez pensar sobre o tema, mas antes me permita saber: qual o significado de amizade para você? Não busco uma reflexão sobre a etimologia ou verbete que podemos ler a seguir, mas gostaria de te instigar a pensar em algo como a representação desta palavra. Talvez até recomendaria que faça um desenho, mas como eu nunca tive habilidade de desenhar posso facilitar esse momento e sugerir apenas uma sensação ou significado deste termo. Amizade é uma palavra com fortes significados, sensações e contextos, ela tem muitas nuances além da definição do verbete colocado no dicionário virtual *Michaelis**, a seguir:

1. Sentimento de afeição, estima, ternura etc. que une uma pessoa a outra sem implicar, necessariamente, a existência de laços de família ou de atração sexual;
2. Apreço, estima ou camaradagem entre grupos ou instituições;
3. Pessoa amiga; companheiro, camarada;
4. Relacionamentos de natureza exclusivamente social;
5. Estado ou condição de amasio, concubinato ou mancebia.
6. Bondade de ânimo para com alguém; benevolência, generosidade, humanidade;
7. Apego, afeição de certos animais pelo homem;
8. Coloquial: Meu amigo, meu chapa (usado como forma amistosa de tratamento);
9. Acordo, favores recíprocos, relações amistosas entre povos e/ou países.

* Pesquisa realizada na versão digital que, na data de 01 de agosto de 2020, às 15:03, estava hospedado no site Uol no seguinte endereço: https://michaelis.uol.com.br/moderno-portugues/busca/portuguesbrasileiro/amizade.

No momento que recebi aquela mensagem a palavra amizade tinha alguns significados claros e saudosos. Sem dúvida paira nesta relação uma amizade, é fato e remete a alguns bons momentos vividos há mais de uma década, remete à lembrança de um sorriso grande e brilhoso, de um brilho no olhar castanho, ao conforto de um banco de ônibus em viagens semanais. Remete também à fantasia, abelha, risos, tem gosto de nostalgia e saudades. A palavra também tem futuro, me mostra orgulho, potência, poder, força, superação e amor. Com o tempo muita coisa muda nas relações interpessoais: o tempo que tínhamos livre e juntos pouco existe mais, mas mesmo quando nos reencontramos, muitos anos depois do início dos anos 2000, uma certeza que existia era da palavra amizade, assim como defini, assim como definida no *Michaelis*.

Aquela frase bem clichê de que "palavras tem poder", deve fazer sentido e ter uma razão de ser, não só pela palavra em si exclusivamente ou pelo conjunto de letras unidas formando significados ou até qualquer mitologia relacionada a ela, mas por sensações agregadas e desejos imbuídos. O poder que senti ao ler a mensagem de Leiliane Lima em março de 2020 foi de viver e reviver palavras que me levaram a outras perspectivas e caminhos. É uma leitura que espero fazer e refazer algumas vezes e que tenho a assertiva de que será sempre um caminho necessário de percorrer.

Wagner Pina

Nasceu

Este livro começa sua primeira célula em 2018, ao longo da minha atuação como terapeuta familiar. Para mim eram *insights*, depois eram *posts*, daí tomaram esta forma de livro.

El[*] finalmente nasce, no meio de uma pandemia mundial. É maio, outono frio no Chile, aos ventos são 5 graus, uma quarta-feira, ou *miércoles*[**], após mais de sessenta dias de confinamento, em meio a muitas turbulências.

Não é falta de tempo que nos faz adiar as coisas, é falta de força para ver o sucesso ou o fracasso. Estejamos juntos e ambos serão superáveis. Ambos serão glória.

---

* El: ele, em espanhol.

** Miércoles: quarta-feira, em espanhol.

Meus significados

Aceitação:

aceitar a ação. É deixar
você ir.

Aceitar:

é diferente de concordar.

Aflição:

um aflito em ação. Quando você não responde minhas mensagens.

Agradecido:

é como deveria ter sido.

Analisar:

isolar alguma coisa a fim de entendê-la. Nunca deu certo.

Angústia:

perspectiva de que todos gostem. Foi quando você me levou para conhecer sua família.

Ansiedade:

fala não dita. Aquilo que o brigadeiro me ajuda a engolir.

Ansiedade:

medo que me paralisa
diante do que já aconteceu.
Te ver com ela pela
primeira vez.

Ansiedade:

sintoma de uma história de
inconsciente.

Ansiedade:

tudo que não consigo dizer.

Apreciação:

apreciar a ação. Ver seu
álbum de casamento.

Autenticidade:

autenti - cidade, é tudo o que a cidade nos tira... ou agrega.

Autenticidade:

autêntica - idade. Meu
vestidinho rosa.

B

Bloqueada:

das suas redes, depois do fim. Dos meus sonhos antes dele.

Bolo:

sempre de acordo com os ingredientes. O que você me deu e eu perdoei.

Caráter:

como cada cara, encontrou
jeito de me ter.

Chato:

aquele amigo que faz de
todos nós simpáticos.

Cobrança:

cobra - nça, parte réptil da minha criança que exige sempre mais.

Comovida:

como - vida, como eu me alimento da sua vida. Eu pagando suas dívidas.

Compaixão:

com - paixão, é como
uns se perdem, outros se
acham. É como eu te vejo.

Comparação:

comparar a ação. O que eu
sou, com o que eu não sou.

Complemento:

tudo aquilo que possui
fissura. Te perdoar.

Comunicação:

tornar comum a ação. Sim, eu abortei.

Comunicar:

comun - ni - car, tornar
comum o ar...

Concentrar:

con - centr - ar, estar no
centro, com alguém mais.

Conflito:

con - flito, situação em que
existe um aflito no meio.

Conjunto:

con - junto, eu contigo.

Consciência:

cons - ciência, ter ciência de alguma coisa, com algo mais.

Consideração:

considerar a ação, como dizia Jorge Aragão: "A que você me deu foi falsa".

Contrato:

con - trato, um trato com
algo a mais.

Cri-cri:

foi o jeito que encontrei
de existir.

Criatividade:

criar atividade. Quando
meu cérebro te vê e monta
mil maneiras de dizer oi.

Criticar:

é o meu jeito cri-cri de te
fazer me olhar.

Decepção:

decep - ção, quando eu me
decepcionei com sua ação.
Não era o que eu esperava.
Era a minha expectativa.

Desculpa:

des - culpa, como eu tento
me desfazer da parte que
me deram.

Diferente:

é a possibilidade de um ganho dentro do que já existe.

Disponibilidade:

o que eu preciso dispor
para estar aqui?

Doar:

quando te ofereço meu ar...
beijar-te. É o que te dou
para recuperar o meu ar.

Dobrar-se em si mesmo:

admitir a existência do
outro.

E

Empatia:

quando ouço aquilo que
antes não ouvia.

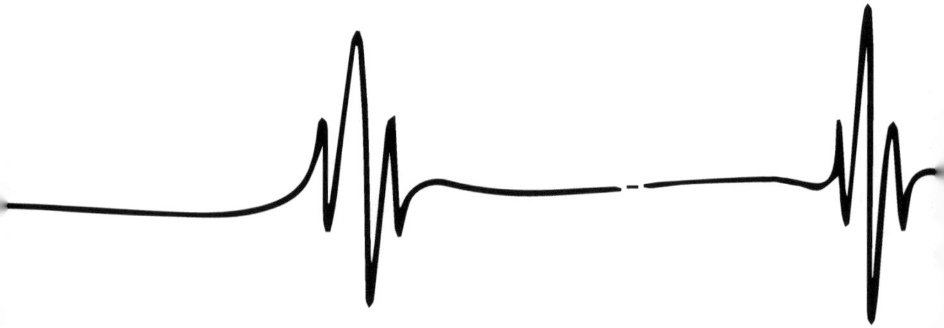

Esperança:

uma memória desejada.
Você voltar.

Espontaneidade:

espontânea - idade, ir para
a Paulista de pijama. É a
liberdade da minha
existência.

Exclusividade:

exclui o resto da
humanidade.

Exclusividade:

para ter, eu te excluo.

Expressar:

express - ar, é o que eu
tenho pressa que você
entenda.

F

Forçar:

força + ar, eu pensei que
você tinha, mas era minha.

Fracasso:

reflexo do não
cumprimento do desejo.
Meu bolo selado...

Frequentemente:

frequentemente é o que
o meu corpo aceita com
frequência, ao contrário
da minha mente.

Guardar:

guar - dar, o ar que eu
ponho em guarda. Não
mexa nas minhas coisas.

Honestidade:

é como dente do siso, uns vêm sem, outros eliminam quando incomoda. Cada vez mais, poucos se adaptam.

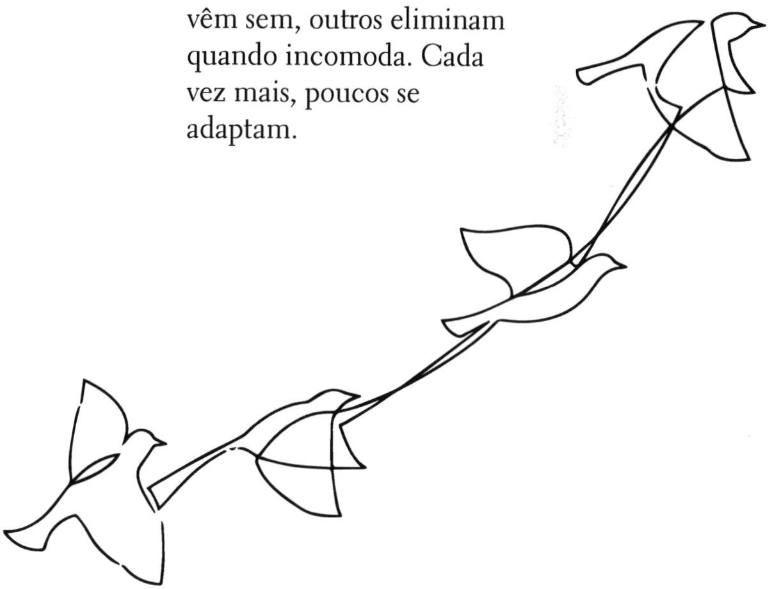

I

Incômodo:

in - cômodo, aquilo que entra em um cômodo sem previsão. Aquela pirralha no meu quarto.

Independente:

in - depender - de - ti,
quanto mais tento, mais
sinto falta do meu quarto.

Injustiça:

in - justiça, é a justiça interna. Uma justiça que é minha. Como eu vejo que preciso ser reparada.

Insatisfação:

in - satis - fação, minha
parte exigente demais
com o mundo.

Inverdade:

in - verdade, minha parte
da verdade. Quando eu
tenho que te contar algo,
e temo você não suportar.

L

Linguagem:

Lingu - a - gem, línguas que agem. É quando a gente se encontra, ou toca evidências... ou tudo junto...

Louco:

é aquele amigo que faz de
todos nós normais.

M

Mau:

aquele que faz de todos
nós bons.

Maldição:

Maldição, mal em ação.
Quando percebo que
esqueci de orar.

Manipulação:

manipular a ação. É quando eu consigo o que quero de ti.

Medição:

medir a ação. O que
eu mais tento e menos
consigo. #impulsiva

Místico:

é tudo aquilo que não entendo.

Moderação:

moderar a ação, é o jeito que aprendi para estar contigo.

Motivação:

implicação do sujeito com
aquilo que ele vê.

Motivação:

motivo da ação. Você.

Obedecer:

o ser... aquilo que eu não
sei fazer mesmo.

Observação:

observar a ação. É acordar
para te ver dormir.

Oração:

pôr o ar em ação.

Ordem:

o que eu deixo que deem e
insisto em não cumprir.

Parada:

foi o jeito que encontrei de
não te perder.

Partir:

part - ir, é a parte que dói
no ir.

Poder:

fazer (Alemanha).

Poder:

permissão (Brasil).

Poder:

quando sinto que
posso, mas lembro
que tive de ter
autorização.

Preocupação:

pre - ocupação, é tudo que
faço antes do tempo.

Problema:

pro - blema, aquilo que
insistimos em acrescentar
ao nosso lema.

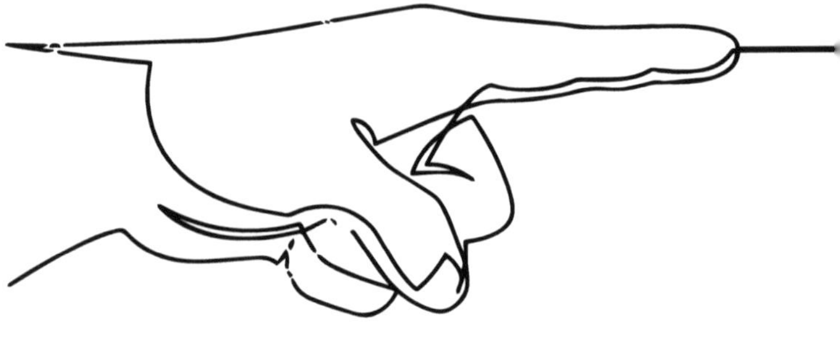

Proximidade:

proxim - idade, é a minha
vida na boca da vizinha.

Raramente:

é a sua presença.

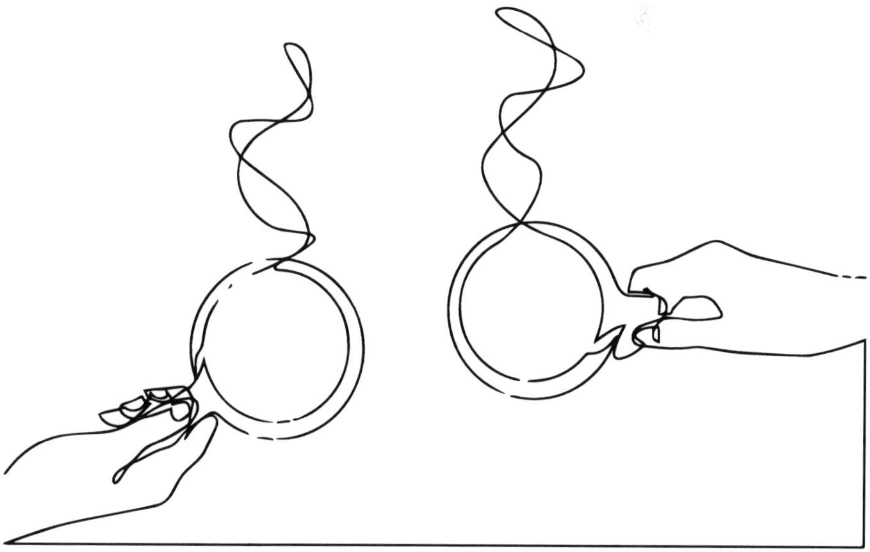

Raramente:

rara - mente era chamada
inteligência, agora virou
sigla: TDAH.

Reciclagem:

reinício de ciclo daqueles
que agem.

Reclamador:

re - clama - dor, aquele
que re- clama a dor que
ninguém quis ouvir.
Abusada.

Reclamar:

re - clamar, clamar algo novamente. É quando eu falo sobre algo que pensava ter perdoado.

Reconhecer:

re - conhecer, observar o
que eu ainda não vi. Foi
quando, depois de anos,
você tentou me beijar.

Regra:

divisão. Como justificar o fazer.

Relacionar:

re - la - cionar, acionar algo
através de um laço.

Resiliência:

é resistir a sua existência.
Mesmo com ela.

Resiliência:

resi - li - ência, o resíduo
lindo que ficou da minha
existência, quando você
decidiu ir.

Respeito:

res - peito, o que restou de
mim em ti.

Satisfação:

não tem sabor de quero
mais. TCC aprovado.

Sedução:

se - du - ção, ler o que o
outro quer oferecer.

Sedução:

sedu - ção, ação que
começa cedo. Como vejo
teu bocejar.

Sentimento:

aquilo que dá nome à emoção. O ronronar do meu gato.

Sentir:

sen - tir é o que às vezes
não consigo sem ti.

Significado:

signi - ficado, havia se
tivesse ficado.

Silêncio:

melhor resposta.

Solução:

solucionar a ação.
Impossível.

Solucionador:

solucion - a - dor, aquele que soluciona a dor de alguém. Eu por você.

Submissão:

sub - missão, estar embaixo da mesma missão. Quando decidimos abrir aquela loja.

Sugestão:

sugestionar a ação, em cima dele ou depois dele.

Ter de:

é tudo aquilo que não vou
fazer.

Tornar-se:

é o que fazemos para
alguém, a fim de que nos
achem para alguma coisa.

Tornar-se:

significa tornar-se para alguma coisa.

Vendedor:

eu vendo a sua dor, sim,
deu certo a aspirina.

Violência:

violência, é como você
viola a minha existência.

Este livro foi composto por letra em Electra Lt Std
11,5/14,5 e impresso em papel Pólen Bold 90g/m².